AF447033

CANCIONES HUÉRFANAS

Poemas con melodías esperando partituras

Un Poemario Novelado

de

SALVADOR IGNACIO LOFIEGO

A Dios,
por darme un Don tan maravilloso
al que no había hecho honores,
espero estar iniciando bien...

A mis padres
por abrirme las puertas
de este mundo y darme
el honor de ser su hijo.

A ellas,
que, con su paso por mi vida,
fueron las musas que inspiraron todas
y cada una de las palabras
que habitan en mis canciones.

A Lilibeth,
por su entrega
y amor sincero a este trabajo.

A mi hijo Gabriel Ignacio,
por creer en mí
y alentarme a seguir mis sueños.

A Yenny Carolina,
sin ti, sin tu amor, sin tu apoyo, sin tu paciencia,
simplemente, jamás lo habría logrado.

Salvador Ignacio Lofiego

ÍNDICE

PRÓLOGO

Era yo un muchacho, tenía catorce años cuando escribí la primera canción y hoy la recuerdo con una sonrisa torcida en mi rostro, era un desastre, pero me gustaba. Una vez se me ocurrió cantársela en secreto a un amigo y se emocionó tanto que comenzó a acosarme a diario para que siguiera escribiendo. Nunca olvidaré la alegría que sentía cuando terminaba una letra y lograba ponerle una melodía que despertara algo en mí. Cuando estaba lista, se la llevaba a mi amigo, que ya para ese momento, era mi cómplice en aquella aventura y se la cantaba, su reacción era mi termómetro de emociones, así comenzó todo. Luego vinieron los amores y "Ellas", fueron las musas.

Cometí el error de rendirme en mis estudios de guitarra, y eso trajo como resultado que las melodías de mis canciones, se quedaran así, huérfanas de partituras. Escribí casi ciento treinta, pero los años pasaron y los sueños fueron cambiando, las malas decisiones me alejaron de lo que realmente amaba y ellas se quedaron escondidas en carpetas viejas en las que las dejé para seguir mi vida.

Muchos años después me animé a compartir algunas con mi pequeño hijo de nueve años, que estudiaba piano hacía algún tiempo. Nunca olvidaré su expresión, su emoción y su incredulidad al escuchar y saber que esas canciones las había escrito su padre. Por él me animé a escribirlas en este poemario, por sus preguntas y su curiosidad, decidí contarles a ustedes la historia de cada una. Les presento con un enorme respeto y un inmenso amor mis Canciones Huérfanas.

*"La poesía tal vez se realza
cantando cosas humildes."*

Miguel de Cervantes

PARECE MENTIRA

Escucharlos hablar,

escondido en la penumbra,

me enseñó lo que pasa

cuando descuidamos el amor.

Cuando escuché a aquella pareja conversar sobre sus sentimientos, era yo apenas un muchacho, víctima de mis hormonas, mis crisis existenciales, enamorado para siempre y en plena relación tormentosa con las palabras, los versos, la rima y la poesía. Me interesaba mucho el mundo del romance, de las bajas pasiones, del desamor y el amor apasionado, imposible, prohibido, maltratado, traicionado y ése, hasta ahora desconocido para mí, el amor que envejece, el que muere de hastío, como muere la planta que deja de recibir luz o agua suficiente, o las dos.

Pasaba yo unos días de vacaciones en casa de unos tíos a los que estimaba mucho. Era un hogar en el que no faltaba nada; bastante opulento en comparación con el mío. Mis primos estudiaban en un colegio costoso, todos eran bilingües y habían viajado ya por varios países. Todo apuntaba a una familia sin carencias, donde abundaba todo o al menos eso parecía a ojos del resto de la familia. Aquella noche en la que el típico asalto de hambre nocturno de todo adolescente, me sacó de la cama pasada la una de la madrugada, bajé las escaleras en silencio, sin ánimos de despertar a nadie en la casa con la intención de tomar por asalto el refrigerador. No sabía yo que, en la penumbra de la noche, casi interrumpí una conversación solemne, profunda y muy triste que se llevaba a cabo en la sala en voces bajas, pero contundentes. Un par de vasos de whisky en las rocas aderezaban la escena y apaciguaban el dolor, además de dar rienda suelta a la sinceridad entre aquella pareja.

Mi tía miraba con intensidad a mi tío mientras dejaba salir su tristeza, su amargura, él la escuchaba sereno, como quien sabe que nada de lo expresado era mentira. Había un ambiente que emulaba una escena cinematográfica del cine americano de los años cincuenta, él con su bata a rayas sobre su pijama en combinación de colores azules y ella con una elegante bata casi transparente, sobre su pequeña y muy femenina dormilona. Sus largas piernas cruzadas con elegancia la hacían ver hermosa en la penumbra. Yo intenté mimetizarme con el ambiente para no interrumpir ese momento. Mi indiscreción hubiese sido imperdonable, así que sólo me quedé en silencio escuchando aquella exposición de sentimientos de ambas partes.

Esa travesura de muchacho curioso, me dio como resultado mi canción "Parece mentira", en ella quise plasmar lo que entendí yo que sentían aquellas dos almas, porque yo no podía saberlo, pues me faltaba mucho para ver marchitarse mi amor y comprender lo que puede pasarnos por dentro cuando nuestros sueños mueren sin razón.

Parece mentira

Parece mentira, un tiempo oculto
ha envejecido entre tú y yo.
Parece mentira, que nuestros sueños
hayan muerto sin razón.

Parece mentira, que tu mirada
ya no brille con la mía, que tus "te quiero",
hayan perdido melodía, que nuestra vida
haya perdido su color.

¿Qué nos está pasando?
¿Por qué hemos cambiado tanto?
¿Qué nos está pasando?,
que la brisa ya no moja tu sonrisa,
con locura como ayer.

¿Qué nos está pasando?
¿Por qué hemos cambiado tanto?
¿Qué nos está pasando?,
que ya el aire que respiro,
hoy no tiene nuestro olor.

Parece mentira, sin darnos cuenta

hemos perdido la ilusión.

Parece mentira, que nuestros sueños

hayan muerto sin razón.

Parece mentira, que tu mirada

ya no brille con la mía, que tus "te quiero",

hayan perdido melodía, que nuestra vida

haya perdido su color.

Siéntate y escucha

Verle a los ojos cuando le cantaba

una canción que jamás había escuchado,

era como vivir un sueño.

En aquel tiempo de mi adolescencia, escribir era tan apasionante para mí, como el desmesurado amor que sentía por ella, la musa de mis versos. Cada vez que he revisado la cantidad de poemas y canciones que le escribí, me doy cuenta, no sólo de lo profundas que podían llegar a ser mis inspiradas creaciones, sino lo numerosas y según las fechas de "nacimiento" de cada una, también eran continuas. Casi las fabricaba de manera imparable, brotaban del lápiz o el bolígrafo como por arte de magia, creo que era el enamoramiento descontrolado, el responsable de aquella prolífica etapa.

Al principio, ella se asombraba cada vez que llegaba a su lado con una de mis hojas llenas de tachones y horripilantes errores ortográficos, que en conjunto terminaban por dar vida a mis versos, a un poema y a una canción. Ya con el tiempo, dejó de sorprenderse, y comenzó a admirar mi capacidad creativa y con aquella inolvidable sonrisa, me preguntaba: "¿Qué me escribiste hoy?".

Fueron dos años apasionados, intensos y llenos de letras y melodías, por eso decidí hacer más formal mi invitación a escuchar mis delirios musicalizados, y entonces escribí "Siéntate y escucha", para invitarla a prestar atención a ese algo nuevo que le iba a presentar.

Esa fue una de las pocas canciones que escribí sin soñar que sería un éxito radial, más bien fue un gracioso ejercicio de la palabra, basado en la simplicidad y la emoción de dar paso a una nueva pieza. Con estos versos sólo quise explicar lo que pretendía al escribir cada canción, que no era más que hacerle ver que era ella mi universo, mi mundo, mi eterno amor.

Siéntate y escucha

Anoche sentí

que vivía para ti,

y hoy descubrí

que tú eras para mí.

Siéntate y escucha,

escucha esta canción,

que anoche escribí,

la escribí para ti.

Sé que no es gran cosa,

pero la hice por ti,

y si te entristece,

pues, recuérdame a mí.

Siento que eres mía

y que para ti yo soy,

y me gustaría saber,

si sientes tú lo mismo que yo.

Siéntate y escucha,

escucha esta canción,

que anoche escribí,

la escribí para ti.

Ya te he escrito tantas

que no sé qué más hacer

para demostrarte

que vives dentro de mi ser.

No soy el poeta

que quisiera ser por ti,

pero cada verso

lo escribo para verte feliz.

No sé si me alcance

escribirte de mi amor.

Ojalá que pueda

conquistarte el corazón.

Siéntate y escucha,

escucha esta canción,

que anoche escribí,

la escribí para ti.

PLEGARIA

**La oración desesperada
de un adolescente enamorado.
Una conversación con Dios
que terminó siendo canción.**

Ella fue mi primer gran amor, ése que nos marca para siempre y deja cicatriz en el alma, ése que nos hace creer que jamás volveremos a amar a nadie con la misma intensidad, ése que es la primera vez en todo, ése con el que damos el primer paso y ella comenzó a experimentar lo que significa sentirse mujer y yo, de igual manera, libré mis primeras batallas con los sentimientos y las hormonas alborotadas de la adolescencia.

Tuvimos una historia intensa, que inició de manera muy dulce e inocente y en cuestión de casi dos años, se volvió la más apasionante razón para despertar cada mañana y no querer dormir hasta bien entrada la noche. Con ella comprendí lo que era amar a alguien con todo el corazón, descontroladamente, inexplicablemente. Supe lo que era entregar las llaves de tu ser a una persona sin dudarlo.

Ella fue la musa y la responsable de una importante cantidad de mis canciones huérfanas. Lo que sentía por ella me hacía escribir incansablemente y mirar sus ojos al escuchar mis composiciones, era algo que no hubiese cambiado por nada en el mundo. Le escribí tanto que casi se acostumbró y hoy entiendo que éramos muy jóvenes para sopesar el verdadero valor que conlleva ser musa y creador de algo que hasta ese momento no existe y que, a partir de allí, flotará en el mundo para la eternidad, porque lo escrito trasciende hasta después de la muerte de quien lo escribe y de quien lo inspira.

Con ella aprendí que las historias de amor en la adolescencia son casi siempre de corta duración, sin importar la intensidad de los sentimientos. Conocí el dolor que conlleva una ruptura cuando no se quiere romper, supimos lo que puede influir un padre o una madre en tu vida, cuando las normas sociales y familiares someten tus deseos a las exigencias paternas. Así, de la nada, comenzamos a ser acosados por sus padres para terminar nuestra relación.

Llegaron las prohibiciones, las persecuciones, la vigilancia casi policial, las amenazas y comprendí lo que narró Shakespeare en su drama entre los Montesco y los Capuleto, y no dudé que el dolor de Julieta fuera en verdad tan intenso para llevarla a tomar una decisión mortal. Para un joven enamorado, nada es peor que una imposición que vaya en detrimento de su amor. Más aún, cuando sabíamos que cumplimos con todas las condiciones que se nos exigieron, los horarios, las visitas, las calificaciones en los estudios, el respeto a las normas del hogar. En realidad, lo que tuvimos de intensidad en nuestra manera de amarnos, también lo tuvimos de inocentes, cursis y románticos. Nunca pasó por nuestra mente la falta de cordura, ni siquiera cuando las prohibiciones de volver a vernos, causaron tanto dolor a cada uno de nosotros.

Cuando vi que el acoso paterno hacia ella, llegó a grados de violencia con el fin de concretar nuestra separación, en mi desesperación, acudí al creador, y escribí una "Plegaria" arropada por una melodía triste, en la que, no sólo le consultaba qué debía hacer, sino que dibujaba el boceto de lo que posiblemente sería nuestra vida en un futuro lejano.

Decir que obtuve una respuesta clara a mi oración desesperada, sería mentir románticamente. Finalmente, una sorpresiva decisión paterna, ahora de mi lado, terminó por poner kilómetros de distancia entre nosotros, y eso, sumado al tiempo y a nuestra juventud y autoestimas maltratadas, dejaron en un limbo nuestro amor.

"Plegaria" es una de mis canciones huérfanas más tristes, más íntima, una que ella nunca escuchó y que, si algún día lee este poemario narrativo, entonces conocerá cómo fue que le oré a Dios por su amor, por nosotros, por lo que éramos y por lo que soñé que podía pasar en un futuro sin contar el uno con el otro.

Plegaria

Señor, ¿será mejor que la deje?

Señor, ¿será mejor terminar?

Yo sé que todo esto es culpa mía.

Y sé que yo no soy lo que querían.

Y sé que hoy no es mi mejor día…

Quizás mañana recordaré,

que fue para mí la luz,

que fue para mí el amor,

que es para mí la vida,

que es para ellos su hija.

Quizás mañana la encontraré

en otro mundo mejor del que yo podía dar.

Quizás pueda pasar lo peor

y la vea viviendo un sueño que nunca soñó.

Señor, ella me quiere y la quiero.

Señor, ella me ama y la amo.

¿Por qué la vida se nos enfrenta?

¿Por qué ya no me dejan quererla?

¿Por qué ya no poder caminar

con la mirada en alto

y al mundo poder gritar

que la amo?… ¡que la amo!

¡Que te amo y no te quiero dejar!

AL NATURAL

Pasa que a veces, la vida nos

lleva a ver la caída de lo que alguna

vez fue nuestra mayor ilusión,

y que todavía hoy, muy en el fondo... aún lo es,

pero al natural, siempre al natural.

Algunos años habían pasado, desde la última vez que la vi. Luego de un encuentro casual y sorpresivo (debo admitir que esperado por mi durante un largo tiempo), conversamos brevemente y me atreví a invitarla a casa a tomar un par de copas de vino y conversar por los viejos tiempos. Nunca pensé que aceptaría aquella osada invitación, pero el poco tiempo que duró ese encuentro fortuito, me dejó percibir un cambio notable en su personalidad. Ya no era aquella sencilla muchacha de la que me enamoré como si no existiera nadie más en el mundo. No era ya la de la sonrisa pícara y salidas ocurrentes; seguía siendo hermosa, pero ahora con cierta malicia en la mirada y un toque de soberbia y altivez, que intentaba emular la elegancia, pero al mismo tiempo, rayaba en la pesadez. El pobre mesero que nos sirvió el café aquella tarde, fue objeto de sus comentarios parcos, que mucho distaban de la dulzura que había sido la musa de muchos de mis escritos, de muchos de mis poemas que con el tiempo se convirtieron en las canciones huérfanas que atesoré en silencio hasta hoy.

El corazón suele ser necio, y el mío es un maestro en esos menesteres. Aquel breve encuentro se convirtió para mí en un reto, uno que me invitaba a pelar la cebolla, a quitar las capas, el escudo que se había fabricado para adornar esa nueva personalidad. Decidí arriesgarme a la invitación insolente porque estaba empeñado en desvestir su alma y reencontrarme con aquel amor de la juventud. Quería volver a verla y conversar, pero eso sí, al natural.

Días después (menos de los que esperaba), recibí el mensaje que me confirmaba que aceptaba el encuentro propuesto por mí de manera irreverente y casi retadora, y fue así que una tarde con un ocaso esplendoroso, se hizo mi cómplice en aquella aventura que me había propuesto, llevado por sentimientos que nunca murieron y que siempre albergaron la esperanza de volverla a tener frente a mí en privado, sin miradas ni interrupciones. Escuché el timbre de mi puerta y fui a su encuentro. Por fin se cumplía mi sueño de años, por fin podría conversar con ella, pero al natural, siempre al natural.

Para esa cita, me tomé el tiempo necesario y escribí una canción que invitaba a la mujer que habitaba en mi pecho desde hacía tanto tiempo, a presentarse ante mí sin posturas prediseñadas, sin altivez, sin escudo, sino siendo simplemente ella.

Obviamente no esperaba la candidez de sus dieciséis años, el tiempo no pasa en vano, pero estaba seguro que debajo de ese escudo habitaba su esencia y mi reencuentro era con ella, no con el disfraz que portaba el día que la volví a ver sin planearlo. Lo que pasó aquella tarde con ocaso violeta, es parte de otra historia. Sí, fue un reencuentro inolvidable, pero muy lejano a lo que había soñado por tantos años. Volverla a ver al natural, cobró una factura cara a mis sentimientos, mis recuerdos y mis canciones huérfanas.

Al natural

Pasa adelante, estaba esperándote.

Deja allí afuera escudo y metal,

deja dormida tu pose perfecta,

dale un descanso a ese toque genial.

Quise vinieras, quería contarte,

el trozo de un sueño donde te encontré,

como eras ayer, así te soñé.

Al natural, sólo al natural.

Al natural, amor, siempre al natural.

Quiero que veas el sol por mi ventana

y puedas sentir el viento en mi balcón.

Quise robarte un tiempo de esa vida calculada

y regalarte un trozo de poema e ilusión…

Pero al natural, sólo al natural.

Al natural, amor. Siempre al natural.

Siguen cayendo noches tras los días

y tu recuerdo aún está en mí.

Todavía puedo verte como antes, tan sencilla…

La niña transparente que me dio su amor…

Pero al natural, sólo al natural.

Al natural, amor. Siempre al natural.

Tú continuaste, yo me quedé,

Tú me olvidaste, yo te grabé,

Tú me escondiste, yo te fabulé

te esculpí, te pinté, te dibujé…

Pero al natural, sólo al natural.

Al natural, amor. Siempre al natural.

GIOVANNA

Nunca supo que le escribí esta canción,

nunca supo que tenía su nombre,

nunca la había escuchado,

hasta esa noche.

Pocas son las afortunadas que ven su nombre inmortalizado en una canción, para mí era fascinante descubrir aquellas piezas llamadas como alguna mujer, escuchar las historias que contaban cada una y siempre quise escribir mi propia melodía en palabras que tuviera un nombre femenino.

Ella fue la afortunada en ser mi inspiración, aunque ya para ese entonces no estábamos juntos y yo luchaba por superarla, nunca por olvidarla, pero sí por encontrar la paz sin ella a mi lado. Entonces escribí las respuestas que daría a quien me preguntara por ella en un futuro lejano o cercano y así nació mi canción "Giovanna". Ése es su nombre y yo quise regalarle una canción. No sólo le escribí mientras estuvimos juntos, hubo muchas letras que se juntaron para recordarla.

Con el pasar de los años he notado que en verdad todo lo que respondo cuando alguien me pregunta por ella, se parece mucho a mi canción. Sé que soy sólo yo el que recuerda aquel romance con el más mínimo detalle y lo descubrí de la manera más triste que se puede uno encontrar con la verdad.

Sucedió, que luego casi diez años, la vida nos reunió de nuevo y como ya narré en otra anécdota, la invité a un reencuentro más íntimo, más privado y sin posturas prefabricadas, al natural, como éramos ayer. En esa reunión conversamos sobre trivialidades y después de contarnos la vida de cada uno luego de lo nuestro, yo comencé a recordar anécdotas de nosotros, las revivía con el mayor detalle posible, con una emoción casi adolescente otra vez, pero descubrí en sus ojos un enorme vacío. Se perdía tratando de encontrar esa vivencia en su memoria y fue muy duro verla romper en llanto al comprender que no encontró nada de nosotros y nuestras aventuras en sus recuerdos.

Yo no podía entenderlo, ni creerlo, me parecía casi imposible que no pudiera recordar nada y su llanto me corroboró que no mentía. Ella no se acordaba de nuestros mejores momentos, de nuestras locuras y escapadas, de nuestros primeros encuentros con la intimidad. En verdad, fue un momento desesperante para ambos, aunque para ella fue peor.

Encendió un cigarrillo con sus manos temblorosas y una risa nerviosa se mezclaba con sus lágrimas. Yo le serví un trago nuevo en las rocas y ella decidió recostarse en mis piernas mientras fumaba, sollozaba y se reía nerviosamente por la situación y su pérdida de memoria. Ella obviamente sabía quién era yo, sabía que era parte de su pasado, sabía que fui el primero en muchas cosas en su vida, si no, simplemente no estuviera allí conmigo esa noche, pero no recordaba todo lo que me hacía ser su compañero en esa velada.

Yo guardé silencio por un momento y de la nada comencé a cantar uno de los tantos temas que le había compuesto, y fue entonces que ocurrió un milagro más que mágico, ella cerró los ojos y comenzó a tararear primero y luego a cantar con total seguridad la letra de cada una de las canciones que esa noche le canté mientras descansaba en mi regazo.

Una bocanada de humo de su cigarrillo, un trago y una estrofa, así fue recordando cada pieza y cada melodía. Pocas veces en mi vida he visto una mirada como la de ella esa noche, cuando descubrimos que no todo lo había olvidado, si tomamos en cuenta que nunca sonaron aquellas canciones en ninguna emisora de radio, era realmente mágico aquel momento de reminiscencias. Las melodías, los versos, las letras, el sentimiento, aún estaban allí.

Fue esa noche que le canté por primera vez la canción que lleva su nombre, fue así como la conoció. Habían pasado más de diez años desde la última vez que le cantaba una canción escrita para ella en exclusiva y a capella, porque nunca aprendí a ejecutar ningún instrumento. Podría pensarse que ese momento era el abreboca para una romántica noche de reencuentro, pude (o pudimos) tener la excusa para que la piel también recordara, pero no fue así. Ella por sus motivos, yo por los míos, pero estábamos en shock profundo, entonces se fue, no quiso que la acompañara, y yo en verdad no quería salir de casa.

Mucho tiempo después, me aclaró una amiga psicóloga, lo que eran las lagunas mentales y cómo el cerebro era capaz de bloquear recuerdos que trajeran al presente momentos dolorosos. Supe entonces lo que había pasado en la mente de Giovanna, supe que lo nuestro para ella, se había convertido al final en mucho dolor. Nunca volvimos a hablar de eso, nunca supe si se molestó en investigar lo que les había pasado a sus recuerdos. Lo que sí me quedó claro esa noche, es que muchas veces los padres no miden las consecuencias de sus actos y terminan lesionando una parte muy profunda en sus hijos. Lo bueno fue que ningún maltrato, ninguna prohibición, ninguna amenaza, lograron borrar de su mente o su corazón mis canciones huérfanas.

Giovanna

Si me preguntan por ti… mañana,

sabré qué responder,

sabré qué contestar.

Sin hacerle daño al tiempo,

sin perderme en un recuerdo.

Si me preguntan por ti… mañana,

diré que estás dormida en mi alma.

Giovanna… Giovanna.

Si me preguntan por ti… mañana.

Diré que estás tan lejos,

pero tan cerca de mí.

Diré que en mi espejo

hay un reflejo de ti.

Diré que fuiste lejos,

buscando tiempo

y te quedaste allí, sin mis besos.

Giovanna… Giovanna,

si me preguntan por ti… mañana.

Caminaré las estrellas,

preguntando por ti.

Navegaré las corrientes,

recordándote así.

Giovanna… Giovanna,

si me preguntan por ti… mañana.

Diré que estás tan lejos,

pero tan cerca de mí.

Diré que en mi espejo

hay un reflejo de ti.

SERÍA

Un amor fabulado, en solitario.

Un querer desde lejos,

sólo mirándola pasar, así fue ese amor.

Pocas experiencias en la vida son tan grises, vacías y dolorosas como enamorarse solo de una persona que no conocemos y que no nos conoce. Algo nos atrae de ella, y quedamos prendados, buscando la manera de verla a diario pasar cerca, escuchar su voz y estudiar sus movimientos, sus ademanes y gestos.

Terminamos por inventar un ser que no existe al que le otorgamos el cuerpo, los gestos y la mirada de alguien que nos prendó y una personalidad recreada en nuestra mente, basada en las necesidades y fantasías de nuestro corazón.

Yo no escapé de eso y viví un amorío silencioso, no sé si secreto, porque dudo mucho que ella no me notara en nuestros "encuentros casuales", provocados por mí todas las veces que pude. Nunca tuve el valor de hablarle, y no sé si ella hubiese tenido el interés de conocerme. Es una incógnita con la que tuve que aprender a vivir. Lo cierto es que ese "algo" que me atrajo de ella, fue suficiente para soñar detallada y vívidamente cómo hubiese sido tenerla en mi vida.

Diseñé fantasías a la medida y terminé escribiendo una oda a mi sueño de tenerla y disfrutarla. Nunca lo supo, era bastante mayor que yo y jamás tuve el valor de hablarle, me conformé con esos encuentros "casuales", me conformé con imaginar cómo sería…

Sería

Sería difícil evitar perderse en tu ser.

Sería cobarde negarte mi sentir.

Sería tan fácil que rompieras mi tiempo.

Sería mi sueño dormir junto a ti.

Todo aquello hermoso cuesta conseguirlo,

¡pero qué rápido pasa!, pasa a veces sin sentirlo.

Sería fácil vivir como si nada ha pasado,

difícil es despertar y aceptar que jamás te he tocado.

La realidad me dice que no estás.

Mi esperanza es que estarás.

Por ahora me conformo con verte nada más,

imaginando momentos que quizá nunca pasarán.

Sería mi sueño dormir junto a ti.

Sería tan fácil que rompieras mi tiempo.

Pero todo aquello hermoso cuesta conseguirlo…

¡Y qué rápido pasa!, pasa a veces sin sentirlo.

NIÑA A OSCURAS

Era el jardinero más feliz del mundo,

el más enamorado.

Tenía una princesa de verdad

y me dejó conocerla.

Cuando lo conocí, era un joven enamorado. Sus ojos brillaban de una manera casi mágica al hablar de ella, creo que por eso lo escuchaba entusiasmado. Estaba loco por esa muchacha, para él era perfecta y cada minuto que pasaba, lo dedicaba a planificar como distraerla, cómo llamar su atención.

Él era jardinero en una plaza a la que me gustaba ir a escribir en aquellos tiempos en los que no había dispositivos móviles, en los que un cuaderno y un lápiz, eran la herramienta obligatoria para asentar las ideas. Una tarde me preguntó con curiosidad, qué era lo que escribía y le conté de poesías y canciones. Entonces me dijo que él me daría una historia para escribir, una como pocas, y yo me reía, porque en realidad no había mucha diferencia de edad entre nosotros. Le seguí el juego, porque las historias de otros, son tan o más interesantes que las del poeta, y fue así que me habló de Elisa.

Me causó mucha curiosidad su afán de buscar maneras para distraerla, era como si fuera un arlequín inventando rutinas para una princesa aburrida. Aquel entusiasmo era admirable, pero podía llegar a ser agotador, así que una de esas tantas tardes en las que coincidimos en la plaza, me atreví a preguntarle a qué se debía ese asunto de las rutinas creativas para distraer a su amada. Él no me respondió con una explicación, sino que me invitó a conocer a su novia aquella tarde, lo que me pareció interesante y a la vez un poco raro, ya que cuando se tiene a la mujer perfecta, uno la quiere para sí mismo y suele ser receloso con el los nuevos amigos, y modestia aparte, no era yo mal parecido en mis años de juventud, y ciertamente se me daba bien relacionarme con el sexo opuesto.

La vida me dio una lección inolvidable aquella tarde cuando fui presentado a Elisa como el escritor que contaría en un poema cuánto la amaba el jardinero más feliz del mundo. Ella no pudo verme, su mano fue guiada a la mía con delicadeza, por las manos de su enamorado. Sus ojos estaban nublados para siempre, pero eso no restaba belleza a su rostro de porcelana.

En realidad, me sentí un poco tonto aquella tarde, porque en mi arrogancia, llegué a pensar que ese chico ponía en riesgo a su amada, pues mi encanto personal no era invisible para las chicas hermosas. Estoy seguro de que ese día conocí una faceta del arte de amar que me cautivó, aquel jardinero, el arlequín de la princesa aburrida, jamás mencionó que su amada era ciega, porque para él, ella era perfecta así, tal y como era.

No tuve más remedio que honrar aquella aventura con versos que hablaban de una niña que vivía a oscuras, pero que tenía para sí, la luz del amor más grande, el del jardinero, el arlequín de la princesa que no estaba aburrida, sino que no sabía de qué colores era el mundo.

Niña a oscuras

He tenido que inventar boronitas de cristal,

en el rostro de la niña que yo adoro.

Un pretexto tan fugaz, un momento tan perfecto,

una mano que acaricia una mirada.

He tenido que crear mil historias sin final,

para captar su atención por un momento.

Y he tenido que callar, cuando aún quiero gritar

que ¡te amo, niña que yo adoro!

Sé que tu mirada está como en eclipse solar,

escondida en una fría oscuridad.

Pero pienso que el amor, transparente como es…

No se ve, pero se siente.

Y he tenido que llorar escondido tras el mar,

siempre rogándole a los sueños

que se hagan realidad, niña que yo adoro…

No siempre que abras los ojos, encontrarás claridad,

y hasta a veces es mejor vivir en la oscuridad.

Para no ver la tristeza de la vida y esperar,

a que lluevan pedacitos de felicidad, niña que yo adoro…

MI TRISTEZA DE HOY

La tristeza agobia,

pero la traición puede quebrantar

el espíritu de una persona.

Eso lo aprendí años después.

Con el pasar del tiempo he llegado a pensar que, con mis escritos, logro sin intención predecir el futuro. Muchas son las canciones que compuse por mera inspiración, imaginación, o víctima de un abordaje repentino de las musas que, de manera intempestiva, llegaban alborotarme el espíritu para que terminara creando algo de lo que aquí muestro.

No siempre esas premoniciones han sido experiencias agradables, y nunca he estado consciente de que estoy prediciendo una determinada situación al momento de escribirla. Suelo caer en cuenta cuando estoy viviendo un capítulo de mi vida, que termina siendo copia fiel a mi poema o canción escrita con anterioridad. Tampoco hay un tiempo determinado entre el momento de la redacción predictiva hasta el instante en que se hace realidad. Puedo simplemente escribir algo hoy que termina sucediendo mañana, o dentro de un mes, o años después.

"Mi tristeza de hoy", es una prueba fiel a lo que cuenta este relato. La escribí de manera inocente, manejando las palabras lo mejor que pude para contar una historia en la que él descubre una infidelidad de ella y decide, lleno de una tristeza abrumadora, darle su libertad. Esos versos hablan de dolor, de decepción, de luna y de mar. Hablan de aceptar un final y de soltar a quien no quiere ya estar en tu vida.

Años más tarde esta canción huérfana se hizo una dolorosa realidad, y lo más curioso es que no fue solamente esta creación la que vaticinó esa triste vivencia, casi siete años después escribí una de mis más queridas canciones, que contó de manera escalofriantemente detallada lo que fue de mí, cuando afronté aquella infidelidad, aquella ruptura, aquella abrumadora tristeza. En otras páginas probablemente conozcas esa predicción en forma de poema, porque creo que vale la pena contar esa historia tomándome un café mientras escribo para ti.

Mi tristeza de hoy

Ni tus ojos bañados de luna,

calmarán mi tristeza de hoy.

Ni tu risa mojada de alegría,

calmará mi tristeza de hoy.

Y tus labios comiéndome a besos,

sentirán el frío de mi cuerpo.

Y tus ojos verán el dolor que hay en mí,

desde que te vi.

Tu mirada se refleja en mis ojos

y yo veo que tu amor es muy poco.

Tú te fuiste y volviste,

cuando quisiste… yo te esperé.

Tu silueta reflejada en el mar,

velará mi triste soledad,

porque escojo perderte

que escuchar otra vez

ese "te quiero".

Yo prefiero aprender a olvidar,

que jugar a no amar de verdad.

El amor es real, transparente el cristal…

ya no me quieres.

Y decido que es mejor continuar

y me llevo tu recuerdo ideal.

Nuestro amor fue ilusión,

yo no quiero un rencor… ¡Alza tu vuelo!

Ni tus ojos bañados de luna,

tu silueta reflejada en el mar,

tus palabras de amor

que me hacían temblar,

calmarán mi tristeza de hoy.

ESO SUELE SUCEDER

A veces ella se cansa de aparentar, de callar,

de intentar ser perfecta, porque al final...

ella es sólo una mujer.

Con el pasar de los años descubrí, que ser mujer en un mundo de hombres es algo devastadoramente agotador. No sólo lo vi de primera mano con el ejemplo de mi madre, que jamás dejó de trabajar fuera de casa, y nunca descuidó su hogar, su rol de esposa, ni el de madre de seis hijos. Sino que lo constaté numerosas veces entre mis muchas conocidas, todas ellas con obligaciones profesionales distintas, pero con un par de coincidencias que eran variables dependiendo de cada historia de vida. Algunas eran esposas, otras eran esposas y madres, otras sólo madres y una que otra era "amante de" o madre y "amante de", una condición complicada que muchas veces iniciaba como una aventura pasajera y terminaba siendo un drama largo con tendencia a lo eterno, en el que pocas veces era la parte femenina quien se beneficiaba en algo.

Aquella tarde fui compañero de penas, psicólogo, cómplice y amigo. Ella me contaba que estaba a punto de mandarlo todo al mismo infierno, que ya no le importaba nada. Estaba harta de ser fuerte, de ser efectiva, de ser atractiva, de ser bonita, deseada y competente. Aquella tarde no quería ser mamá, ni esposa, ni amante. Pedía tiempo, quería que pararan el mundo para apearse y caminar sin detenerse hasta ninguna parte, y que al volver no tuviera que seguir siendo la mujer fuerte de todos los días.

Entre copas y risas empañadas de lágrimas, me confesaba sus penas con vergüenza, y se daba palmaditas en la boca cada vez que decía estar harta de su vida, sus obligaciones y su condición de madre y esposa modelo. Luego de varios tragos, fue al tocador y regresó regia, hermosa y femenina. Lista para la batalla y más calmada. La momentánea crisis había sido superada y había que continuar. Salimos del lugar como si nada hubiese pasado, yo miré al barman con cierta complicidad, estaba seguro de que él había presenciado esas escenas muchas más veces que yo, y que no siempre fue un testigo silencioso, sino el receptor de las penas de turno.

Tanta franqueza, tanto dolor, tanto cansancio en aquella mirada, fueron suficientes para inspirar "Eso suele suceder". Yo sabía que era así. No era la primera vez que servía de oidor a un alma de mujer cansada de ser fuerte, perfecta y amorosa. No existe un manual para vivir y no fallar, para seguir adelante y no sentir que te ahogas, al final, eres sólo una mujer, y que te sientas agotada de ser infalible, suele suceder.

Eso suele suceder

Dime, cuéntame cómo fue,

trataré de entender, lo acabo de prometer.

Dime, cuéntame cómo fue,

cómo fue que tu amor, poco a poco se fue.

Dices que iban pasando los días,

te ibas sintiendo vacía, y tú no sabes por qué.

Cuentas que la magia que hubo ayer,

perdió su encanto y se fue, y tú no sabes por qué.

Eso suele suceder… eso suele suceder.

Suele suceder que te sientas tan vacía.

Suele suceder que veas la vida perdida.

Suele suceder que a media noche despiertes,

desamparada y llorando por un sueño que pasó.

Eso suele suceder… eso suele suceder.

Piensas que el mundo se viene abajo,

que tu mar se está secando y no encuentras la razón.

Sientes que aparentar te molesta,

que no quieres ser perfecta, que eres sólo una mujer.

Eso suele suceder… eso suele suceder.

Suele suceder que se te rompa la calma.

Suele suceder que se despierte tu alma.

Suele suceder que una parte de ti,

se te escape para ir a buscar tu libertad.

Eso suele suceder… eso suele suceder.

LA ESPERA

Un parto difícil la dejó en coma.

Él no se apartó de su lado

hasta verla despertar

y yo escribí esta canción.

Sucede que soy fanático de una saga de películas muy famosa, que cuentan la historia de un boxeador fracasado al que la vida le ofrece una nueva oportunidad. En la segunda entrega de esta familia de filmes, el amor de su vida queda en estado de coma durante el proceso de parto de su primer hijo y, aunque el héroe de la historia está en pleno proceso de entrenamiento para la gran pelea en la que tiene una segunda oportunidad para optar por el título de campeón mundial de los pesos pesados, él lo deja todo para quedarse día y noche junto a su amada, ni siquiera quiso conocer al niño, porque quería que sucediera en compañía de ella, quería que ambos lo vieran juntos por primera vez. Para mí, es una de las esperas más tiernas y tristes que se han filmado.

Algunos piensan que es una película de boxeo, yo personalmente, creo que es una película de amor, de entrega, de fe y de esperanza. Quizá es por eso que ya perdí la cuenta de la cantidad de veces que la he visto. A estas alturas, no creo necesario decir el nombre de la película, pero fue en esa parte de la historia, en la que me inspiré para escribir "La Espera". Me imaginé lo que él le diría a ella para despertarla de su coma profundo, pensé qué le contaría cuando ella volviera en sí. Aunque no había garantías de un despertar, él no se rindió, no se apartó de su lado, nunca la dejó, jamás perdió la fe.

Una tarde, luego de varios días de esperar y mucho orar, un leve movimiento de los dedos de ella, dentro de las manos de él, lo despertaron de un sueño profundo, cuando él abrió los ojos a la orilla de la cama, su mirada estaba sobre él como un rayo de luz, así como creo yo que debe ser la esperanza.

La espera

Me quedé esperándote ayer, y hoy estoy esperándote otra vez.

Llevo días caminando en este sitio, cada día, esperando tu regreso,

esperando tu volver…Esperando que despiertes otra vez.

Sucedió y no sé cómo ocurrió,

y hoy estoy esperando un milagro de amor.

Llevo días que no sé lo que es mi vida.

Llevo noches que no sé lo que es dormir,

como cuando tú lo hacías junto a mí.

Si te pierdo, pierdo el mundo, pierdo todo,

y tendría que volver a comenzar,

como cuando niño aprendí a caminar.

A decir mamá, a querer y a amar.

Llevo días caminando en este sitio,

cada día, esperando tu regreso,

esperando tu volver…

Esperando que despiertes otra vez.

Me dormí, esperando, sin querer…

Desperté y tu mirada estaba en mí… otra vez.

AMOR EN BICICLETA

Una bicicleta vieja, oxidada,

colgada en la pared de un cuarto de cosas olvidadas.

Un amor viejo, casi eterno

y yo tuve la fortuna de conocer su historia.

Cuando era niño, solía ir de vacaciones a un pueblo pintoresco donde podías llegar a la playa caminando desde cualquiera de sus calles. Allí viví mis primeras aventuras, hice mi primera resortera, cacé mi primer cangrejo, corrí despavorido por un murciélago que entró a la casita de barro y bahareque en la que nos alojábamos todos los primos, los tíos, los abuelos, en fin, la familia.

Por aquellos días, conocí a mi primer amor de vacaciones que, con el tiempo, terminó siendo mi ilusión de la playa. Con ella, su hermano, los míos, su primo y los míos, formamos una pandilla, que tomaba por asalto la calle Las Flores. Ninguna casa estaba a salvo de nuestras travesuras y menos la del abuelo Juan, un ancianito que pasaba el día sentado en una silla de madera y piel de ganado, tan vieja como él. Le gustaba reclinarla y apoyar el espaldar en la pared, para terminar haciendo equilibrio sobre las patas traseras, mientras miraba en silencio, el mundito que era su calle.

Una tarde de travesuras, jugábamos al escondite y yo me metí en un cuarto lleno de trastos viejos de los que parecía muy difícil desprenderse para aquel par de ancianos. Juan estaba acompañado por Guillermina, una anciana sólo un poco más joven que él. La abuelita, hablaba muy fuerte, porque ya su compañero casi no la escuchaba. Ella era feliz cuando veía a sus nietos corretear en la casa con piso de tierra y esa tarde me descubrió cautivado por lo que había encontrado en ese cuarto lleno de recuerdos. Una bicicleta antigua, muy oxidada, pero todavía hermosa, estaba colgada en la pared, casi como un cuadro y yo me había perdido el juego, embelesado por aquella antigüedad rodante.

Así fue que Guillermina me encontró y me preguntó si me gustaba, yo le dije que era bellísima, y ella parecía estar esperando que alguien le mencionara algo del aparato de dos ruedas enormes, porque en unos minutos me contó con los ojos llenos de ternura y recuerdos, cómo fue que Juan se había escapado en esa bicicleta para encontrarse con ella en el rio, cómo había llegado con una rosa en la mano y cómo de un beso pasaron al amor y se hicieron hombre y mujer bajo los árboles. Ella había faltado al colegio y él al trabajo, pero valió la pena, porque ese amor, siguió pedaleando toda la vida.

Yo apenas tenía unos diez años la primera vez que Guillermina me contó esa historia, era muy inocente, pero quedé cautivado, por eso con el pasar del tiempo, fui preguntando más detalles a la abuela, y cuando tenía toda la información, supe que tendría una canción. A los abuelos les gusta contar historias repetidas y a mí me gustaba preguntar y escuchar. Nunca supe qué fue de la bicicleta, pero agradecí aquel arranque de nostalgia, porque gracias a él existe esta canción huérfana.

Amor en bicicleta

Una niña se ha perdido de camino a la escuela,

una niña que no es niña ya, que ya empieza a ser mujer.

El muchacho del abasto, ha dejado el trabajo,

y ha escapado en bicicleta, él ya sabe que lo esperan.

Mírale los ojos…

Mírale el amor…

Mira como baila,

al son de un corazón.

Y la niña que no es niña ya, tiene un sueño en blanco y negro…

Que un amor en bicicleta viene a regalarle un beso.

El muchacho de mandados a colores va soñando…

Se ha robado una rosa y ha escapado pedaleando.

Mírale los ojos…

Mírale el amor…

Mira como baila,

al son de un corazón.

Una madre preocupada, se pregunta en dónde andará,

se hace tarde, aún no llega, es la hora de cenar.

El Gerente del abasto, se comienza a disgustar.

El muchacho de mandados, no ha venido a trabajar

Mírales los ojos…

Mírales el amor…

Mira como bailan,

al son de un corazón.

Ella, sentada en la barra, él maneja con cuidado.

El camino de regreso, no se ha hecho muy largo.

Pedalea muy despacio, porque no quiere llegar.

Ella inventa una excusa, para dársela a mamá

Mírales los ojos…

Mírales el amor…

Mira como bailan,

al son de un corazón.

TE PROPONGO

La manera más romántica

que se me ocurrió para decirle

"¡feliz cumpleaños!" frente al mar.

Ella estaba enojada conmigo hacía ya varios días. Intentaba disimularlo, pero para mí era obvio y bastante divertido. Se acercaba su cumpleaños y a diferencia de años anteriores, yo no mencionaba el tema. No había planes de mi parte ni tampoco se hablaba del asunto entre sus familiares. Todo apuntaba a que el diario vivir, había opacado la acostumbrada celebración que solía ser planificada con antelación y muchísimo ánimo entre los involucrados.

La tradición, era que quien estaba por cumplir años, no mencionara el tema, jugando en ocasiones, a restarle importancia al asunto mientras los demás se afanaban en alentar la emoción con planes de una divertida celebración.

Ese año no sucedía así porque estábamos en complicidad, su familia y yo, disfrutando la frustración que causábamos en ella con nuestro fingido desinterés y olvido de la fecha en cuestión. Yo había planificado y organizado un viaje sorpresa a la playa, su lugar preferido, su sitio de ser feliz y para la ocasión escribí "Te propongo", un tema bastante dulce, tierno y hasta un poco cursi, que sirve para invitar a ese ser amado al hogar de las sirenas, el reino de Neptuno, el único sitio donde hay estrellas que se pueden tocar.

Irían a sorprenderla sus adorados primos, y los amigos más cercanos, aparte de los adultos de la familia. Acamparíamos todos a la orilla del mar y bajo las estrellas cantaríamos, deseándole un feliz e inolvidable cumpleaños.

Esperé hasta el último momento para decirle la verdad, y fue la noche antes de su natalicio, cuando ya muy triste y decepcionada, ella me comunicó lo mal que se sentía por mi olvido y el de todos los demás, con respecto a la fecha de su nacimiento. Yo la miré y escuché atentamente, y luego de limpiarle las lágrimas de su rostro, le canté mi proposición a capella, como siempre le cantaba mis canciones huérfanas.

Vale decir que su alegría se desbordó, lo mejor era que le había encantado mi propuesta, pero ella nunca se imaginó que, a la playa, llegaría también un pastel de cumpleaños en compañía de sus seres queridos y que lo disfrutaría emocionada mientras las olas besaban sus pies y yo la besaba a ella bajo las estrellas.

Te propongo

Te propongo que vayamos a la playa, tú y yo.

Te propongo que llevemos una carpa para dos.

Te propongo que juguemos en la arena, bajo el sol

y que cuando estés cansada, te recuestes en la orilla

y la brisa de la tarde, en la piel te haga cosquillas.

Te propongo que navegues, mar adentro junto a mí,

que te pongas mi careta y te sumerjas por allí.

Te propongo que tratemos de atrapar peces sin red

y que cuando lo logremos… los soltemos otra vez.

Te propongo que, en la noche, cuando ya no puedas más,

te recuestes en la arena, bajo la luna a soñar

y que cuando estés soñando yo me acerque junto a ti

y te cante al oído canciones para dormir.

Te propongo, noche adentro, que me dejes explorar

tu rincón más escondido, para ver qué pasará,

y que cuando lo haya hecho, tú te entregues toda a mí…

Y que el mar sea testigo de lo que suceda allí.

¿Y EN DÓNDE ESTÁN?

Si la vas a enamorar lleno de entusiasmo,

de locura, de pasión,

no lo dejes morir todo después de conquistarla,

porque duele, lastima… hace daño.

Como ya he comentado, siempre he tenido mejor relación de amistad con las mujeres y una facilidad innata para que me cuenten sus vivencias, muchas veces en busca de alguna orientación y otras simplemente por desahogo. Gracias a los misterios de la vida, he sabido escuchar, no sé si he sido un buen orientador, pero me esmero en ser un buen oidor.

Mi amiga estaba triste, decepcionada, se sentía vacía, estafada y sola. No entendía cómo era posible que el mismo hombre que había sido todo un caballero, el más detallista, el más ingenioso y nada discreto para conquistarla, tiempo después, fuese casi un extraño con el que compartía su cama.

Me contó, entre lágrimas y algunos tragos de whisky, cada detalle que tuvo él para llegar a su corazón. Me pareció que tenía una excelente memoria, pues al contarme todo, parecía revivir cada momento intensamente. Tomé nota mentalmente de aquellos relatos y lo que percibía en su voz, en su mirada, en cada gesto, mientras intentaba ser un buen soporte para su tristeza. No pretendí en ningún momento dar con las respuestas a sus preguntas, pues no me sentía juez de nadie. Sólo presté mi hombro para que ella se desahogara, mientras mis musas alborotadas se preparaban para guiarme a una nueva aventura entre lápiz y papel.

Algún tiempo después de aquella reunión, supe nuevamente de mi amiga, y aún seguía viviendo esa pesadilla, fue entonces que le entregué, mi canción huérfana "¿Y en dónde están?", la única de todas que he escrito para poner en voz de una mujer. Su historia no es nada original, son muchas las mujeres que se rinden a los encantos de un galán romántico que busca un tesoro qué conquistar, y terminan conociendo a un hombre diferente que, con el pasar del tiempo, olvida su galantería o simplemente la destina para otra incauta que espera o sueña con ser conquistada.

Ésta es una llamada de atención, un reclamo, un grito desesperado que invita a reflexionar a los galanes de oficio y a las buscadoras de príncipes azules.

¿Y en dónde están?

Un pie tras otro… una sonrisa,

una mirada, un corazón que se escondía.

Una llamada, mejillas sonrosadas,

sin darme cuenta, había empezado el amor.

Y fuiste tan sencillo al conquistarme,

un caballero, un hombre, una razón.

Donde no había nada, aparecías una flor

y le llovía una sonrisa al corazón.

Hacías tardes en las madrugadas,

y construías noches bajo el sol.

Hacías lluvia en mi habitación,

y me mojabas de ilusión… la ilusión.

Hoy me pregunto, ¿dónde están los besos?

¿Y esos detalles que me hacían soñar?

¿Por qué perdiste toda la hermosura

en tu manera de amar, de enamorar?

¿Y dónde están las tardes embrujadas?

¿Aquella lluvia que mojaba el sol?

¿En dónde están las piedras encantadas

con que hacías esa magia, para hacerme el amor?

¿En dónde está mi orgullo?, ¡lo he perdido!

¿Por qué te estoy llorando en mi canción?

Si me quisiste tanto como dices,

¿por qué fuiste a perderte en el limbo

donde muere… la ilusión?

TIEMPO PARA AMAR

Un sarcasmo, una crítica

a esas antiguas convenciones sociales,

que termina siendo una paradoja irónica,

inmersa en la espera de un corazón

que ignora que es amado.

Ella rondaba los treinta y estaba siendo acosada por su familia. Muchas veces la vi llorar llena de rabia por aquella situación asfixiante que estaba enfrentando sin querer. En aquel tiempo todavía se pensaba que una mujer tenía una edad límite para conseguir esposo. Hoy en día, estas y otras creencias que rayan en lo absurdo, se mantienen y pasan de generación en generación en diferentes culturas alrededor del mundo.

Era inevitable para ella que, al reunirse la familia (lo que pasaba bastante a menudo), se iniciara el necio ritual del interrogatorio por parte de las mujeres mayores. Era paradójico para ella, pensar que habían pasado la vida cuidando su honor, su virginidad, su reputación, alejándola de cualquier posible experiencia con el sexo opuesto y cuando se había hecho común en su vida prescindir del amor, entonces se le reprochara su falta de interés por hacer pareja con algún buen pretendiente con el fin de perpetuar la especie.

Esto lo viví de cerca cuando estaba en mi etapa de las canciones con temas más profundos, con versos más complejos y mensajes mucho más adultos y contundentes, porque yo era parte de esa familia. Supe en secreto, que ella no iba a darle gusto a las matronas, que sí había experimentado algunas aventuras y que no era por falta de interesados que se mantenía en la soltería. Era más bien una postura rebelde y calculada, pero que no dejaba de lado el miedo de quedar "solterona" porque ya iba alcanzando los treinta.

Todo este drama me inspiró para escribir unos cuantos versos, en los que, por primera vez, experimenté con el sarcasmo y la crítica a las creencias de las distintas sociedades. Así fue como nació "Tiempo para amar", y jugué a ser protagonista silencioso dentro de la historia de aquella chica que vivía presionada por paradigmas obsoletos y que hoy en día pueden causar risa a la mujer moderna, esa que tomó las riendas de su sociedad y dejó de lado el sueño de las princesas buenas que nos contaron en cuentos de hadas.

83

Tiempo para amar

Despierta ya, no sueñes más,

que la vida se te está escapando,

que el amor lo estás dejando

escondido en un rincón.

Levántate, descúbrete,

ya no puedes seguir viviendo

sumergida en un recuerdo,

tienes que regresar, despertar

del sueño a la realidad.

Se te está acabando el tiempo para amar.

Se te está acabando el tiempo para dar lo mejor de ti.

Se te está escapando el tiempo de vivir y disfrutar,

se te está escapando el tiempo en soñar.

Se te está acabando el tiempo para amar,

se te está escapando el tiempo en recordar.

¿Con qué derecho

le estás prohibiendo

a tu corazón que sienta

el amor que está a sus puertas?,

¿y a tu alma que se sienta

renacer, revivir?

Y hoy mirándote a los ojos

y pensando en lo que digo,

y queriéndote en silencio,

me doy cuenta de que a mí.

Se me está acabando el tiempo para amar,

esperando por ti.

Se me está acabando el tiempo para amar.

ÓLEOS TRANSPARENTES

Él quería, soñaba, deseaba con el alma,

pintarla a orillas de un mar nocturno.

Así me lo contó entre tragos,

olor a trementina y óleo.

Pasa que, quienes amamos cualquier manifestación del arte, tenemos una similitud con los apasionados de un deporte determinado, y es que desarrollamos la extraña habilidad de acomodar cualquier situación de la vida cotidiana, a una metáfora enmarcada en aquello que admiramos y seguimos con pasión. Hacemos símiles o comparaciones usando como referencia una obra de arte al óleo o una pieza musical y terminamos comparando una tormentosa relación amorosa con la extraña relación de amor odio entre un hincha deportivo con su equipo cuando este consigue una victoria o pierde en la cancha por errores imperdonables.

Si somos asiduos lectores, también nos pasa, y es así como logramos traer a colación en una determinada tertulia, el capítulo de una novela que compagine de manera casi perfecta con una vivencia que estemos experimentando personalmente o veamos cómo sucede en la vida de alguien cercano.

Él amaba pintar al óleo y por aquellos días, descubrió que también la amaba a ella. Me contó entre tragos y el olor a trementina de su mágicamente desordenado taller, todo lo que imaginaba cuando manchaba el lienzo con cada pincelada y hacía emerger en aquel paisaje de una playa nocturna, la silueta del cuerpo desnudo que inspiraba su pintura y alborotaba su corazón.

Aquella obra en proceso de parto, era el resultado de una noche de amor desenfrenado con el mar como único testigo y yo tuve el honor de escuchar de labios de su creador (un pintor de mágicos paisajes nocturnos), una enorme cantidad de metáforas y símiles embadurnados con intensos colores al óleo, que me contaban lo que terminó siendo "Óleos transparentes".

Óleos transparentes

¿Qué mejor testigo que el mar,

para presenciar nuestra unión?

¿Qué mejor momento que esa noche,

para demostrarte mi amor?

¿Qué mejor testigo que mis ojos,

para presenciar tu desnudez?

¿Qué mejor modelo que tu cuerpo,

para hacer vibrar a mi pincel?

¿Qué mejor momento que esa noche,

esperando juntos amanecer?

Noche oscura, noche intensa… noche.

Noche sin estrellas de cristal,

noche sin luceros encendidos.

Noche oscura para recordar.

Gritos que se pierden en el tiempo,

sueños que se hacen realidad

Óleos que despiertan, miradas que se encuentran

y escapan de su marco de cristal.

Pinto sueños junto a tu ventana,

grabo luces en mi soledad.

Veo alas que se van volando

a un mundo sin fronteras, sin final.

¿Qué mejor testigo que mis ojos,

para presenciar tu desnudez?

¿Qué mejor momento que esa noche,

esperando juntos amanecer?

AMIGA MÍA

Le hicieron creer que era culpable,

que no valía, que era poco para ser amada,

pero nos conocimos y tuve

el maravilloso placer de devolverle la sonrisa.

Era yo apenas un muchacho de unos quince años, cuando la conocí. Para aquella época, hacía mis primeros versos, que acomodaba a melodías, con la esperanza de que se volvieran canciones con el pasar del tiempo. Ella era simplemente hermosa, no sólo por su cara casi angelical, su sonrisa luminosa y aquellos ojos indefinidos entre el gris y el verde, sino porque desprendía dulzura con todos y con todo.

Quedé flechado como un tonto y no iba a descansar hasta lograr conquistar esos ojos grises. Fui el adolescente más feliz del mundo cuando un amigo me la presentó, y más cuando noté que no era indiferente a mis bromas y a mis sutiles, pero seguras insinuaciones. Poco a poco fui ganando su confianza y entre poemas robados y alguna que otra cita prestada de algún genio de la palabra, de los que siempre me servía para impresionar, logré que ella se abriera conmigo lo suficiente como para contarme porqué a veces sus ojos contaban una historia triste, mientras que su sonrisa la ocultaba con algo de sutileza.

Pasó, que llegó a mi vida un poco maltratada en asuntos del amor, que -como es sabido- en esa edad es cuando creemos que el mundo se acaba, si no somos amados por ése a quien amamos. Una relación bastante tóxica, había llegado a su fin, y ella pensaba que era merecedora del desprecio de su anterior compañero. Él la dejó de lado y ella se sentía responsable, desechable.

¡Las cosas de la vida!, yo loco por ella y ella triste por otro… Todo lo necesario para una receta que dio como resultado, la primera canción huérfana adulta que escribí con apenas quince años. "Amiga mía" es mi declaración de amor más sincera, mi bote salvavidas, ése que arrojé, con mi mejor intención a esos ojos grises náufragos en el amor.

La buena noticia es que surtió el efecto deseado, ella me dio la oportunidad de demostrarle que valía mucho, y yo disfruté feliz aquel tiempo de dos. La triste noticia es que no duró mucho, pero esa es otra historia, una que también terminó siendo una canción huérfana.

Amiga mía

Las cosas pasan cuando tienen que pasar,

la mayoría no las puedes evitar.

El tiempo pasa y la vida se no va…

Sin darnos cuenta, de pronto llega el final.

El amor crece o se desvanece

y cuando esto pasa

es cuando tienes que luchar.

Amiga mía, no te dejes derrumbar,

la vida sigue y tú la tienes que vivir.

Toma mi mano, levanta el vuelo,

que con mi amor se lograrán todos tus sueños.

Si él no te quiso, dame esa oportunidad,

olvida todo y vuelve a comenzar.

Vive en mi mundo, toma mi vida,

déjame darte un poco de felicidad.

Amiga mía, no te dejes derrumbar,

la vida sigue y tú la tienes que vivir.

Toma mi mano, levanta el vuelo,

que con mi amor se lograrán todos tus sueños.

¿EN DÓNDE ESTÁ MAMÁ?

Ella decidió dejarlo todo y sin aviso se fue.

Él tenía unos seis años y no paraba

de preguntar por su mamá.

Mi amor por el cine, me llevó a conocer maravillosas historias que me han inspirado desde muy joven a escribir. La historia que cuenta este film, protagonizado por dos grandes estrellas de la década de los setenta, nos muestra cómo le cambia la vida a un joven publicista que lucha por alcanzar el éxito gracias a su talento creativo y de pronto de manera sorpresiva y repentina, es abandonado por su mujer, quien siente que su vida ha tomado el rumbo equivocado, pues ser madre no es lo que más le interesa, sino hacerse un lugar en su campo profesional.

El hijo de ambos tiene seis años, y al quedar sólo con su padre y perder a su madre de pronto y sin ninguna explicación, le tocará adaptarse a un ritmo de vida completamente diferente al que ya conocía y siempre con la incógnita del por qué su madre desapareció de su vida sin siquiera despedirse.

Ambos son el centro de atención de la historia, y podemos ser testigos de los bemoles que enfrentan a diario, desde el simple hecho de lograr hacer un desayuno como lo hacía mamá, hasta coordinar los horarios escolares con las reuniones de papá con su jefe y los clientes.

El tiempo logra encaminarlo todo y este par de "socios", terminan por rehacer su vida, a sus ritmos, con sus altas y bajas, y sin mamá. Ella había desaparecido por completo durante el tiempo suficiente para que el pequeño niño, ya fuese lo suficientemente independiente como para preparar su desayuno y el de papá sin ayuda.

El día menos pensado, ella regresa, pero no con la intención de volver al hogar, sino con la intención de separar al niño de su padre, porque de pronto había entendido que necesitaba a su hijo y que había sido un error dejarlo atrás. Esto lleva a un enfrentamiento legal y a una batalla emocional para todos los involucrados, una batalla en la que yo me sentí también comprometido y que me llevó a escribir "En dónde está mamá".

Era yo apenas un adolescente cuando compuse este tema huérfano de partitura, pero sentí tanto el dolor de aquel padre por la posibilidad de perder a su hijo, que intenté plasmar en mis versos esos sentimientos, dando como resultado uno de mis temas "adultos", creados sin la experiencia de vida necesaria, pero con mucho corazón.

¿En dónde está mamá?

Aquella mañana,

abrí los ojos y me encontré

con esa mirada que

se ahogaba en lágrimas de dolor.

Y me preguntaba:

"Papá, ¿en dónde está mamá?".

Él me preguntaba:

"Papá, ¿en dónde está mamá?".

Pasaron los días… el niño,

poco a poco crecía.

Reía, continuaba su vida, pero

te extrañaba, y me preguntaba:

"Papá, ¿en dónde está mamá?".

Y yo no sabía qué respuesta dar.

Yo ya no sabía cómo contestar.

No es fácil decir: "Mamá se cansó

y está por allí buscando libertad".

Y él me preguntaba:

"Papá, ¿en dónde está mamá?".

Él me preguntaba:

"Papá, ¿en dónde está mamá?".

Y hoy vienes tú, a decirme que te vas,

que te lo vas a llevar,

que le quieres enseñar a reír,

que le quieres enseñar a jugar,

que le quieres enseñar a volar.

Y te digo yo, que yo lo vi crecer.

Y te digo yo, que yo le hice entender

que es fácil volar, pero también regresar.

Y él me preguntaba:

"Papá, ¿en dónde está mamá?".

Si existe un perdón, pídeselo a él,

sufrió más que yo, yo pude comprender

que fuiste a volar buscando libertad.

Pero él preguntaba:

"Papá, ¿en dónde está mamá?",

siempre preguntaba:

"Papá, ¿en dónde está mamá?".

Epílogo

Y así cumplí un sueño ya viejo, compartí mis Canciones Huérfanas con el mundo, sin música, lo sé, pero seguramente éste sea el primer paso de algo maravilloso. Estas diecisiete, son las primeras de muchas que quiero dar a conocer a quienes quieran saber de ellas y sus historias. Vendrán más y las entregaré con todo el amor con el que las escribí hace ya muchos años.

Sé que para los tiempos que corren, muchas de estas letras son muy inocentes y hasta simples, pero pienso que fue una buena idea rescatarlas del olvido y traer un poco de inocencia y romance a la vida de quienes las disfruten.

Yo tenía catorce años cuando escribí la primera y hoy a mis cuarenta y tantos las saco a la luz, porque la cara de mi hijo, su mirada, su emoción, al escuchar algunas de ellas, me hizo entender que no valía la pena dejar este mundo sin que se conocieran.

Ojalá algún músico quiera soñar mi sueño y dejcn de ser huérfanas de partitura.

Salvador Ignacio Lofiego

Agradecimientos

Ante todo, quiero darte las gracias a ti, mi amado lector, por dejarte abrazar por ese maravilloso hábito de leer, te pido, además, que lo contagies a todo el que puedas, sobre todo a los niños, a los más jóvenes. Hoy las redes sociales, nos han apartado de los libros para darnos información visual, que poco nos permite imaginar, soñar, inventar un mundo en nuestra mente, como sólo leyendo podemos hacerlo.

Gracias infinitas por haber leído Canciones Huérfanas, ojalá te haya transportado a algún rincón de tu memoria, ojalá te haya apartado por un momento de tus problemas, ojalá te sirva para enamorarte de alguien o simplemente para sonreír mientras lo leíste.

No puedo dejar de agradecer a Yenny Carolina Herrera, mi compañera de vida, por su paciencia, su fe y su infinito amor por mí.

Gracias a Lilibeth Carranza Mariscal, una verdadera amiga que encontré lejos de casa y quien diseño mis redes sociales y la portada de este libro.

Y por supuesto, Gracias a Dios.

***

Si te gustó este libro, no dejes de recomendarlo y comentarlo en Amazon, para nosotros los autores, esto es muy gratificante y sumamente importante.

Acerca del Autor

Salvador Ignacio Lofiego (Venezuela 1972), es un novel autor que inicia su carrera con la publicación de "CANCIONES HUÉRFANAS", un poemario diferente, lleno de relatos reales que cuentan la historia de cada canción. Hoy es un inmigrante que tuvo que dejar su tierra de origen por razones políticas que hoy son noticia en el mundo y actualmente trabaja en la publicación de su primera novela autobiográfica "TE VOY A EXTRAÑAR", que pronto se podrá adquirir en Amazon. En ella relata su experiencia personal, la realidad del venezolano que vive bajo la opresión del comunismo y lo que ha significado para él, dejar a su único hijo y emprender la búsqueda de un mejor futuro con la esperanza de que ambos se reúnan de nuevo y volver a ver a Venezuela en libertad.